VENTE DU LUNDI 22 JANVIER 1894

HOTEL DROUOT — SALLE N° 8

A 2 heures précises

GRAVURES ANCIENNES

CONCERNANT

LE SPORT ET L'ÉQUITATION

DESSINS et PEINTURES

ARMÉES FRANÇAISES et ÉTRANGERES

De toutes époques.

COIFFURES MILITAIRES — ARMES

COSTUMES

LIVRES ANCIENS & MODERNES

COMMISSAIRE-PRISEUR :	EXPERT :
Me H. SANONER	**M. E. GANDOUIN**
27, rue de Châteaudun.	31, rue des Saints-Pères.

EXPOSITION PUBLIQUE

Le Dimanche 21 Janvier 1894, de 2 heures à 5 heures 1/2.

PARIS. — IMPRIMERIE CHAIX. — 802-1-94. — (Encre Lorilleux).

CONDITIONS DE LA VENTE

Elle sera faite au comptant.

Les acquéreurs paieront, en sus des adjudications, **cinq pour cent** *applicables aux frais.*

L'exposition mettant le public à même de se rendre compte de l'état des objets, il ne sera admis aucune réclamation, une fois l'adjudication prononcée.

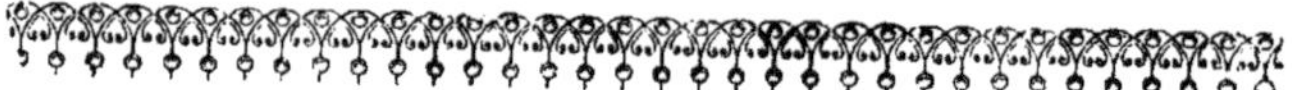

DÉSIGNATION

1 — Cuivre repoussé doré. — La fuite de Fra Diavolo, exécutée à quatre chevaux par Loisset, directeur du Cirque Olympique de Paris, en 1833. — Bas-relief exécuté par Dimier.

2 — Cuivre repoussé doré. — Scène exécutée par Mme Loisset sur le théâtre du Cirque Olympique Franconi, à Paris, 1833. — Bas-relief par Dimier.

3 — Cuivre repoussé doré. — Le Courrier national, exécuté à Paris par le jeune François Loisset, âgé de 7 ans, en 1833. — Bas-relief par Dimier.

4 — Franconi présentant le cheval de feu. — Peinture à l'huile.

5 — Mme Loisset en paladine. — Aquarelle par A. de Dreux.

6 — **Charlemagne.** — Saint-Pétersbourg, 1845. — Portrait équestre de Caroline Loyo montant « Junon ». — Aquarelle.

7 — **Charlemagne.** — Caroline Loyo montant « Rutler ». — Aquarelle.

8 — **Charlemagne.** — Caroline Loyo montant le « Russe ». — Aquarelle.

9 — **Charlemagne.** — Caroline Loyo montant « Jupiter ». — Aquarelle.

10 — **Nafel.** — Portrait d'un cheval de cirque. — Aquarelle.

11 — Portrait de Loisset, écuyer. — Pastel.

12 — Hommage à Loisset, offert en 1854. — Broderie.

13 — Portrait de Loisset. — Miniature signée Jarrès, 1846.

14 — Mme Loisset en costume de matelot, exercice équestre. — Aquarelle signée Fischbein, 1834.

15 — Portrait de Pauline Cuzent, écuyère.
Portrait de trois écuyers,
Et six autres pièces lithographies.

16 — Portrait caricature de Loisset. — Pastel et deux lithographies. — Chevaux de cirque montés par Cuzent.

17 — Cirque Franconi. — Cinq feuilles équitation coloriées.

18 — **Raffet** et autres. — Recueil factice, journées de la Révolution française. — Épreuve sur Chine.

19 — **C. Cottlison** (d'après). — Les Vainqueurs du Grand Prix de Paris depuis sa création. — Belle épreuve en chromo.

20 — **Vernet (C.).** — Milton, cheval de course. — Epreuve coloriée.

21 — Siège de Saint-Jean-d'Acre. — Belle épreuve avant toute lettre.

22 — **Vernet (C.).** — Gravure par **Jazet.** — Jockey coupant son adversaire.

23 — Divers Croquis de chevaux. — Albums de douze pièces.

24 — **Vernet (C.).** — Grav. par **Debucourt.**
Le Chasseur.
Le Chasseur au tiré.
Départ du chasseur.
Retour du chasseur.

25 — Lancier polonais en cantonnement.

26 — **Vernet (C.).** — Grav. par **Jazet.**
Course au premier tournant.
Jockey au moment de monter à cheval.
Cheval de course au moment du départ.
Jockey coupant son adversaire.

27 — **Dubost.** — D'après ses peintures à New-Market, en 1809.
Cheval de course à la longe.
Cheval de course au poteau du départ.
Cheval de course courant à Epsom.
Cheval de course à l'écurie.

Cheval de course dans l'enceinte du pesage.
Cheval de course que l'on bouchonne.
Cheval de course au poteau d'arrivée.

28 — **Dubost.** — Cheval dans le haras. — Épreuve en noir.

29 — **Géricault** (d'après). — Lith. par **Thornley.** — La Course. — Belle épreuve de remarque avant la lettre.

30 — Chevaux de poste.
Cheval à l'écurie.
La Maréchalerie.
Le Coup de l'étrier.
Chevaux à l'écurie.
Chevaux de poste.

30 *bis*. Portrait d'un officier supérieur. — Esquisse à l'huile.

31 — **Géricault.** — Grav. par **Reynolds.** — Cavalier turc au combat. — Belle épreuve avant la lettre.

32 — **Sindici.** — Gravé par **Dujardin.** — Barone, vainqueur du Derby royal italien, en 1891.

33 — **Sauverwied.** — Gravé par **Jazet.** — Cours de traîneaux à Krasnoi-Kabak. — Épreuve en noir.

34 — La même en couleur et avant la lettre.

35 — **Andrieux.** — Cantinière, Officier grognard et croquis. — Quatre feuilles, brevet 1837. — Équipages militaires. — Aquarelle.

36 — **E. Lami, Dulong** et autres. — Cinq feuilles croquis. — Garde royale, Infanterie, Lég. d'Afrique, Guide, Infanterie.

37 — **Gengembre.** — Cuirassiers, Hussards, Carabiniers. — Neuf dessins au pastel.

38 — **Gengembre, Andrieux.** — Cuirassiers, Artilleur, Dragon. — Trois feuilles.

39 — **Branicki.** — Le Billet de logement. — Aquarelle.

40 — **Adam (V.).** — Défense de Mazagran. — Croquis plume.

41 — **Marais.** — Très beau Dessin au lavis. Composition allégorique à la gloire de Bonaparte et de l'armée d'Italie.

Nota. — Une partie de cette composition a été reproduite en gravure pour les entêtes de lettres du général Berthier.

42 — **Cordowa.** — Un Guisard. — Dessin à la plume.

43 — **Gengembre.** — Chevaux de courses. — Deux feuilles.

44 — **Swebach.** — Cheval de course. — Sépia. Signée.

45 — **Janet-Lange.** — Épisodes de la guerre 1870-1871. — Six dessins à la sépia.

46 — **Escharden.** — Courrier de Poste et Officier des Guides, Premier Empire. — Aquarelle.

47 — **Gautherot,** 1819. — Officier de lanciers polonais défendant un porte-drapeau de la garde. — Aquarelle.

48 — R. S. — Pupille de la garde. — Mine de plomb.

49 — Anonyme. — Officier d'infanterie légère d'Afrique. — Aquarelle.

50 — Anonyme. — Hussards combattant des cuirassiers italiens. — Soldats de l'armée autrichienne, Premier Empire. — Trois feuilles aquarellées.

51 — Anonyme. — Officiers de lanciers et chasseurs, Premier Empire. — Aquarelles.

52 — **Volmar** et **Charmont.** — Hussard et guide, Premier Empire.

53 — **Le Peintre.** — Hussard au bivouac. — Lavis.

54 — **Pothier.** — Bataille de Palestro. — Croquis rehaussé.

55 — **Lami** (Eugène). — Mousquetaire de la Maison du Roi. — Aquarelle signée du monogramme.

56 — **Lami** (Eugène). — Gendarme de la Maison du Roi. — Aquarelle signée du monogramme.

57 — **Vernet** (Carle). — Hussard à cheval, époque Louis XVI. — Dessin sur vélin, signé, daté.
Cuirassier.
Dragon.
Pandour.

58 — Colonel de hussards. — Aquarelle.

59 — **Vernet** (d'après C.). — Hussard de la garde. — Officier d'ordonnance.

60 — **Dupray** (V.) — Brigadier de chasseurs à cheval, époque Napoléon III.

61 — **Pezous.** — Halte de fantassins. Second Empire.

62 — **H. Vernet** (attribué à). — Officier de lanciers polonais, Premier Empire.

62 *bis.* **H. Vernet** (attribué à). — Adieu de cavalerie française, Premier Empire. — Dessin en couleur.

63 — **École française.** — Bonaparte, Premier Consul. — Cadre en paille, avec attributs républicains.

64 — **École française.** — Duc de Berri, colonel des dragons de la Maison du Roi.

65 — **École française.** — Portrait équestre d'un maréchal de France.

66 — **Pagnest** (attribué à). — Portrait d'un officier des gardes de la Porte.

67 — **Parrocel**(Ch.).— Personnages Louis XV au manège. — Deux dessins à la sanguine.

68 — **École française**, XIXe siècle. — Officier de hussards, vers 1835. — Peinture à l'huile.

69 — **École française.** — Officier des Guides, Premier Empire. — Peinture à l'huile.

70 — **École française.** — Hussard et cantinière, vers 1847. — Peinture à l'huile.

71 — **École française.** — Portrait d'officier de grenadiers, 1853. — Pastel.

72 — **École allemande**, 1847. — Officier prussien, officier de Francfort, officier bavarois, soldat prussien, officier autrichien. — Cinq aquarelles signées Bon E. L. 1847.

73 — **Singry.** — Portrait d'un général. — Signé, daté 1816. — Sépia.

74 — **Frendt.** — Six croquis militaires, époque de 1870. — Plume.

75 — **P. A. D.** — Portrait d'un militaire. — Daté 1826.

76 — Inconnu. — Infanterie, cuirassiers, cavalier espagnols. — Cinq dessins.

77 — Inconnu. — Lieutenant-général Schram, capitaine de zouaves, capitaine du génie, officier d'infanterie légère..

78 — Époque de 1830. — Cuirassier, grenadiers, hussard, cuirassier, grenadier, officier d'infanterie. — Six dessins.

78 *bis*. Portrait de Marceau. — Ancienne gravure coloriée.

78 *ter*. Portrait de Poniatowski.

79 — Portrait d'un officier sous Louis XVI. — Pastel ancien dans son cadre.

79 *bis*. Équitation. — Trente-neuf pièces lithographies coloriées et gravures.

80 — Lot considérable de gravures, lithographies et autres.

80 *bis*. Environ quatre-vingt-deux Dessins coloriés. Costumes.

80 *ter*. Douze Gravures, Premier Empire.

81 — **Swebach.** — La bataille de Leipsick. — Beau dessin au bistre.

82 — Divers. — Histoire de Louis XVI et autres. — Quinze pièces.

83 — Pièces historiques. — Louis Philippe. — Duc d'Orléans. — Duc de Nemours. — Comte de Chambord. — Derniers moments du duc de Berri.

84 — Imagerie. — Sept pièces militaires, diverses époques. — Cinq pièces dessins aquarelles.

85 — **Cauvé.** — Elleviou en costume de hussard. — Colorié.

86 — Mouchoir militaire, coton imprimé.

87 — **Gohier.** — La Schlague et autres. — Quatre pièces.

88 — Militaires et autres. — Quatorze pièces.

89 — **École anglaise.** — Chasses et Sport. — Dix pièces en couleur.

90 — **École anglaise.** — Sport et portraits. — Neuf pièces en couleur.

91 — Batailles et Jeu de la guerre. — Sept pièces couleur.

92 — **Swebach.** — Encyclopédie pittoresque. Cent vingt épreuves au trait.

93 — **Cenni.** — L'armée italienne. — Album colorié.

94 — Armée allemande. — Huit feuilles coloriées.

95 — Armée allemande. — Vingt-une feuilles coloriées.

96 — **Martinet.** — Dix-huit pièces, garde impériale.

97 — Sept pièces sur Napoléon.

97 *bis* Divers. — Vingt pièces.

98 — Dessins et autres. — Huit pièces.

98 *bis*. Trois autres.

99 — **Isabey.** — Cinq pièces.

100 — **École française.** — Costumes pour le sacre de Napoléon. — Sept pièces.

101 — **École anglaise.** — Deux pièces. — Courses en couleur.

102 — **École anglaise.** — Trois pièces en couleur.

103 — Six pièces. — Jeux du grand homme et autre pièces Napoléon.

104 — **Naudet** (Paris, chez). — Vingt pièces coloriées, costumes militaires du Premier Empire.

105 — Dix-huit pièces coloriées, costumes militaires du Premier Empire.

106 — **Gontier.** — Trois pièces coloriées, d'après L. Gontier de Troyes.

107 — **Laderer.** — Régiment des dromadaires. Pièce coloriée.

108 — **Escribe.** — Tambour des grenadiers et grenadier. — Chromos.

109 — **Verier.** — Tambours-majors de l'armée, 1750 à 1842. — Pièce coloriée.

110 — Anonyme. — Trompette de lancier et hussard, Premier Empire. — Pièce coloriée.

111 — Brevet de bâton en blanc, 1835. — Pièce coloriée.

112 — Brevet de bâton en 1836. — Jolie pièce coloriée.

112 *bis*. **Eug. Adam.** — Six Dessins coloriés. Types militaires, 1835.

113 — **Aubry.** — La leçon de danse, la leçon d'exercice et deux autres pièces.

114 — **Aubert** (Paris, chez). — Délassements militaires. — Belle pièce coloriée.

115 — **Vernet (C.).** — Guides et équipages militaires, sur un rocher.— Deux pièces coloriées.

116 — **Vernet (C.)** — Chevau-légers, lancier, 1813. — Pièce en couleur par Debucout.

117 — **Wille.** — Sapeur des gardes suisses. Belle épreuve.

118 — Anonyme. — Le Sabre d'honneur.

119 — Diverses époques et armées. — Douze pièces.

120 — Époque Henri IV. — École du mousquet. — Cinquante-cinq pièces. — École de la lance. — Dix-sept pièces.

121 — Divers. — Officier supérieur des guides de l'Empire. — Reddition d'Ulm. — Galerie militaire. — M. Calicot — Six pièces.

122 — **Cenni.** — Armée italienne. — Album.

123 — **Gaulard.** — L'Armée française. — Album. — Paris, 1889.

124 — **Béranger.** — Chansons politiques. — Sainte-Alliance des peuples.– Curieuse affiche.

125 — **Aubry.** — Dix feuilles, dont huit coloriées pour l'ouvrage du général Ambert.

126 — **Bellangé.** — 30 mars 1814. — Lithographie très rare.

127 — Anonyme. — Timbalier de la garde impériale, chasseurs de la garde royale et hussards chargeant. — Trois aquarelles.

128 — Divers. — Fusilier et chasseur, garde royale, officier de chasseur, garde impériale. — Six feuilles.

128 *bis.* **Debucourt.** — Une Ambulance.

129 — Époque de 1820. — Uniforme des voltigeurs du centre, des grenadiers 6e régiment, infanterie et autres. — Cinq pièces.

130 — **École Anglaise.** — Duc de Wellington. — Épreuve en couleur.

131 — Garde impériale, Premier Empire. — Vingt-six pièces coloriées.

132 — Époque Louis XVI et garde royale Restauration. — Douze coloriées et autres.

133 — Premier Empire. — Seize feuilles costumes militaires coloriées.

134 — Premier Empire. — Six feuilles costumes militaires coloriées.

135 — Époque Louis-Philippe. — Vingt-un costumes militaires coloriés.
Même époque. — Treize pièces coloriées.

136 — **Eug. Lami.** — Huit feuilles, coloris anciens. — Nos 8, 27, 31, 37, 49, 50, 65, 65.

137 — Imagerie Louis XVI et Empire. — Cavalerie française, troupes françaises, troupes russes. — Quatre pièces.

138 — Imagerie Premier Empire et Restauration. — Troupes françaises, troupes étrangères, pelotons de grenadiers et voltigeurs, dragons, chasseurs à cheval, musique d'infanterie, lanciers et autres. — Neuf feuilles coloriées.

138 *bis*. **Worms** (attribué à), — Dessin en couleur.

139 — Imagerie, époque Louis XVI et Premier Empire. — Royal-Cravate, infanterie, musique des mameluks, infanterie Royal-Cravate. — Quatre pièces.

140 — Imagerie. — Marine, dragons de la garde, garde nationale à cheval, histoire de Charles, chasseurs d'Afrique, infanterie de ligne, infanterie d'Afrique, lanciers, — Huit pièces.

141 — Imagerie. — Lanciers, infanterie polonaise, canonniers français, garde nationale à cheval, sapeurs-pompiers, cuirassiers, artillerie à la manœuvre. — Sept pièces coloriées.

141 *bis* — Imagerie. — Officiers de différentes armes, soldats de différentes armes, spahis, état-major infanterie, infanterie. — Six pièces coloriées.

142 — Anonyme. — Artilleur de la garde impériale. — Aquarelle.

143 — Anonymes. — Quatre Portraits aquarelles. — Soldat du génie, 1er et 2e carabiniers, soldat d'infanterie.

144 — Anonymes. — Cuirassier et grenadier à cheval. — Sanguine.

145 — Anonyme. — Supplique à Kléber. — Dessin curieux.

145 *bis*. Soldat, Premier Empire. — Toile ancienne.

145 *ter*. Napoléon à Montereau. — Toile ancienne.

146 — Seize Dessins coloriés, militaires et civils.

146 *bis*. Tissu de soie. — Portrait du duc d'Orléans.

147 — **Estrard.** — Mercier, ex-sergent de la 1re compagnie du 3e bataillon de la garde nationale de Paris. — Et son Portrait peinture à l'huile.

148 — Lithographie de Motte, à Paris. — Le système des piqûres.

149 — **Loelliot.** — Voiture du sacre de Charles X. — Lithographie.

150 — **Loelliot.** — Funérailles de Louis XVIII. Trois feuilles à quatre rangs, comprenant : Gendarmerie de Paris, état-major de la Place, état-major 1re division militaire, état-major garde royale, garde royale lanciers, écuyers et duc de Bourbon suivi de son état-major, écuyers et duc d'Orléans avec son état-major, Maison du roi, carrosses de la Dauphine, duchesse de Berri, d'Orléans et Mademoiselle d'Orléans, Voiture des Dames d'honneur, gendarmerie d'élite, cuirassiers, garde royale, gendarmerie de la Seine, garde nationale, garde royale suisse.

Trois belles feuilles, coloris du temps. Pièces intéressantes pour les costumes.

151 — **Loelliot.** — La même, suite de trois feuilles, coloriées de même.

152 — **Loelliot.** — Une feuille de la même suite, celle des carrosses, coloriées.

153 — **Sergent.** — Chasseur du Premier Empire. — Plume fac-simile.

154 — **Raffet.** — Le Réveil. — Épreuve sur Chine. — La Revue nocturne. — Épreuve sur Chine.

155 — Imagerie militaire. — Kléber, Ney, Cambronne, Beauharnais, Bertrand, Masséna, Grouchy. — Distribution des aigles.

156 — Brevet de contre-pointe, délivré en 1834. — Belle pièce coloriée.

157 — **Vernet** (C.). — Le Cheval échappé. — Lithographie, épreuve avant la lettre et en noir.

157 *bis*. **Vernet** (C.). — L'Abreuvoir musulman. — Épreuve coloriée.

158 — **Sweback.** — La Chasse. — La Course. — Deux lithographies coloriées.

159 — Sous ce numéro, les gravures et dessins omis.

159 *bis*. **Armand Dumarescq**. — La Garde impériale, les troupes de ligne, environ cent pièces dont la Garde impériale coloriée par l'artiste avec sa signature autographe.

Ce numéro sera vendu par lots.

LIVRES

160 — **L.-C. de Carmantel** (attribué à). — Suite de figures militaires, France, 1760. Dessinées et coloriées en un volume cartonné, très rare.

160 *bis*. **Pierce Egan.** — Wife in London. — Nombreuses gravures en couleur. — Londres, 1823.

161 — Napoléon et la Grande Armée. — Quarante-cinq feuilles coloriées en album.

162 — **Fieffé.** — Histoire des troupes étrangères au service de la France. — Deux volumes, figures coloriées. — Demi-reliure.

163 — **Ambert.** — Esquisses de l'armée française, lith. par Aubry. — Deux volumes demi-reliure.

164 — Armée russe, Premier Empire et Restauration. — Dans un étui aux armes de Russie.

165 — Statuts de l'Ordre de chevalerie de Saint-Étienne. — Frontispice de Callot.

166 — Galerie militaire. — Cent cinquante lithographies.

167 — Les Pensées. — Huit pièces coloriées.

168 — **Pigal.** — Seize pièces, mœurs parisiennes coloriées.

169 — **Beauchamps.** — Recherches sur les théâtres de France. — Paris, Prault, 1735.

170 — **Detaille** et **Richard.** — L'Armée française. — Deux volumes demi-reliure.

171 — **Parpart.** — Catalogue illustré de la collection.

172 — **Charlet.** — Album lithographique. — Paris, Gihaut. — Soixante pièces.

173 — Bulletins de la Grande Armée. — Fascicule cartonné. — Strasbourg, Levrault, 1806.

174 — **V. Frond.** — Panthéon des Illustrations françaises du XIXe siècle. — Paris. — Pilon.

175 — L'Ogre de Corse. — Paris, Louis, 1815.

176 — Album factice. — Nombreuses gravures.

177 — **Drummond de Belfort.** — Traité sur la cavalerie. — 1 vol., veau. — 1 atlas, maroquin rouge. — Reliures anciennes.

178 — **J. de Saint-Gelais.** — Histoire de Louis XII. — Paris, Abraham Pacard, 1622.

179 — **De Garsault.** — Le nouveau parfait maréchal. — Paris, Despilly, 1755.

180 — Nouvel abrégé chronologique de l'Histoire de France. — Paris, Prault, 1752.

181 — **Gallois.** — Histoire de Napoléon. — Paris, Béchet, 1825.

181 *bis.* **Dupuy.** — Historique du 3e Régiment de Hussards. — Nombreuses figures coloriées.

182 — **A. Hugo.** — Histoire de Napoléon. — Paris, 1837.

183 — **Fain.** — Manuscrit de 1813, 2 vol. et manuscrit de 1814, deuxième livraison.

184 — **Gourgaud.** — Campagne de 1815. — Paris, Mongie, 1818.

185 — **Franklin.** — Histoire de la Bibliothèque du Roi. — Paris, Wilhelm, 1875.

186 — **Gaspard de Saunier.** — L'Art de la Cavalerie. — Paris, Jombert, 1756.

187 — **Aubert.** — Traité raisonné de l'Équitation. — Nombreuses lithographies. — Paris, chez l'auteur.

188 — **Pluvinel.** — L'Instruction du Roi en l'exercice de monter à cheval. — Figure C. de Pas. — Amsterdam, J. Schepper, 1666, 1 vol.

189 — **Peigne-Delacourt.** — Chasse à la Haie. — Paris, 1857.

190 — **Ambert.** — Esquisses militaires des corps de l'armée française, par I. Ambert. — Illustré par Auby. 1 vol., demi-reliure.

191 — **Houdan.** — Collections. — Catalogue illustré.

192 — **Guigard.** — Armorial du bibliophile. Paris, Bachelin, 1870-73.

193 — **Janin.** — La Normandie. — Nombreuses illustrations. — Paris, Bourdin, 1862.

194 — Sous ce numéro, divers Volumes.

SAXE ET FAIENCE

194 *bis.* Deux Perdrix en porcelaine de Saxe ancienne.

195 — Deux Corbeilles en porcelaine de Saxe ancienne.

195 *bis.* Artilleur du Premier Empire, pot à boire en faïence ancienne.

COIFFURES MILITAIRES

196 — Casque de l'époque Louis XVIII, 1820.

197 — Casque de l'époque Louis XVIII, 1820.

198 — Casque de dragon. — Époque de 1852.

199 — Casque de cuirassier. — Époque de 1852.

200 — Schako de 1820. — Infanterie.

201 — Schako de 1831. — Cavalerie.

202 — Schako de 1835. — Infanterie.

203 — Schako de 1852. — Infanterie.

204 — Chapeau d'état-major. — Époque de la Restauration.

204 *bis.* Fort lot de Casques et Schakos.

204 *ter.* Schako de troupe. — Époque 1848.

COSTUMES

205 — Cuirasse des gardes du corps du roi.
205 *bis*. Habit d'officier d'état-major. — Époque de 1818.
206 — Habit de la légion hollandaise. — Époque du Premier Empire.

ACCESSOIRES DE COSTUMES

207 — Baudrier et giberne. — Époque de 1821.
208 — Giberne d'officier. — Époque Napoléon III.
208 *bis*. Deux Gibernes de la garde impériale.
209 — Giberne. — Époque Napoléon III.
209 *bis*. Hausse-col. — Époque Révolution.
210 — Divers. — Hausse-cols.
211 — Diverses Plaques de ceinturon des époques Première République, Empire, Restauration et autres.
212 — Diverses Plaques de schakos des mêmes époques.
213 — Diverses Jugulaires.
214 — Lot considérable de Cocardes de diverses époques.
215 — Boucles de Ceintures et Ceinturons.
216 — Mors de l'époque du Premier Empire.

217 — Mors de l'époque du Second Empire, chiffre N couronné.

218 — Mors de l'époque du Premier Empire, bronze ciselé doré.

219 — Fusil des Pupilles de la garde impériale, Napoléon III.

220 — Sabre d'officier des gardes du corps.

221 — Épée d'officier des cent-gardes.

222 — Deux Sabres de la Première République.

223 — Sabre du Directoire, lame en damas, poignée en acier.

224 — Sabre d'officier d'état-major, Premier Empire.

225 — Sabre à poignée, au Lion populaire, Première République.

226 — Sabre d'artillerie, époque du Premier Empire.

227 — Épée de page de Napoléon Ier, poignée en argent ciselé.

228 — Épée aux armes de France, donnée par le roi Louis XVIII, poignée en argent ciselé.

229 — Épée du Sacre de Charles X.

230 — Dix pièces Sabres et Épées de la Première République et de l'Empire.

231 — Sous ce numéro, les objets omis.

PARIS. — IMPRIMERIE CHAIX. — 800-1-94. — (Encre Lorilleux).

www.ingramcontent.com/pod-product-compliance
Ingram Content Group UK Ltd.
Pitfield, Milton Keynes, MK11 3LW, UK
UKHW021038260726
13994UKWH00005B/2222